# BEI GRIN MACHT SICH IHR WISSEN BEZAHLT

- Wir veröffentlichen Ihre Hausarbeit, Bachelor- und Masterarbeit

- Ihr eigenes eBook und Buch - weltweit in allen wichtigen Shops

- Verdienen Sie an jedem Verkauf

## Jetzt bei www.GRIN.com hochladen und kostenlos publizieren

**Bastian Buchtaleck**

# Filmklassiker. "Citizen Kane" von Orson Welles

GRIN Verlag

**Bibliografische Information der Deutschen Nationalbibliothek:**

Die Deutsche Bibliothek verzeichnet diese Publikation in der Deutschen National-
bibliografie; detaillierte bibliografische Daten sind im Internet über http://dnb.d-
nb.de/ abrufbar.

**Impressum:**

Copyright © 2002 GRIN Verlag GmbH
Druck und Bindung: Books on Demand GmbH, Norderstedt Germany
ISBN: 978-3-656-86738-8

**Dieses Buch bei GRIN:**

http://www.grin.com/de/e-book/18816/filmklassiker-citizen-kane-von-orson-welles

**GRIN - Your knowledge has value**

Der GRIN Verlag publiziert seit 1998 wissenschaftliche Arbeiten von Studenten, Hochschullehrern und anderen Akademikern als eBook und gedrucktes Buch. Die Verlagswebsite www.grin.com ist die ideale Plattform zur Veröffentlichung von Hausarbeiten, Abschlussarbeiten, wissenschaftlichen Aufsätzen, Dissertationen und Fachbüchern.

**Besuchen Sie uns im Internet:**

http://www.grin.com/

http://www.facebook.com/grincom

http://www.twitter.com/grin_com

# Orson Welles – Citizen Kane

USA 1941
SW 119 Min.
Regie:      Orson Welles
Kamera:    Gregg Toland
Drehbuch:  Hermann J. Mankiewicz, Orson Welles
Musik:      Bernard Herrmann

Universität Hildesheim
Institut für Audiovisuelle Medien
Proseminar: Filmanalyse

Ausarbeitung des Referates:
Bastian Buchtaleck, 28.01.2002

*"Es ist bestimmt der Film, der am meisten junge Leute veranlasst hat, sich dem Beruf des Regisseurs zuzuwenden...Wir liebten diesen Film, weil er total war: psychologisch, soziologisch, poetisch, dramatisch, komisch, exzentrisch."*

Francois Truffaut

## Inhalt:

1. Hintergrund
1.1. Fabel vom Frosch und vom Skorpion
1.2. Kurzbiografie von Orson Welles
1.3. Filmgeschichtliche Einordnung

2. Inhalt

3. Innovationen
3.1. Tiefenschärfe
3.2. Lightning mixes
3.3. Verschiedene Erzählperspektiven und Flashbacks

4. Beschreibungselemente für eine Filmanalyse

5. Interpretation
5.1. Formzentriert
5.2. Inhaltszentriert

6. Schlussbemerkung

# 1. Hintergrund

## 1.1. Fabel vom Frosch und vom Skorpion

And now I´m going to tell you about a scorpion. A scorpion wanted to cross a river, so he asked a frog to carry him. "No", said the frog. "No, thank you. If I let you on my back you may sting me, and the sting of the scorpion means death." "Now where," asked the scorpion, "iis the logic of that? No scorpion could be judged illogical. If I sting you, you will die – I will drown." The frog was convinced and allowed the scorpion on his back, but just in the middle of the river he felt a terrible pain and realized that after all the scorpion had stung him. "Logic" cried the dying frog, as he started under, bearing the scorpion down with him. "There is no logic in this." "I know," said the scorpion, "but I can´t help it – it´s my character."

Mr. Arkadin

In dieser Fabel aus dem Film *Mr. Arkadin* beschreibt Orson Welles seinen eigenen Charakter. Obwohl der Film *Mr. Arkadin* später gedreht wurde, kann man die Fabel dennoch auch auf *Citizen Kane* anwenden, da Welles Figuren immer etwas von ihm hatten. Die Figuren hatten immer etwas von dem Skorpion, denn auch sie blieben immer ihrem Charakter treu, auch wenn dies für sie nachteilig war.

So z.B. wenn Kane in Susan Alexanders Appartement bleibt, anstatt mit seiner Frau nach hause zu gehen. Sein Charakter zwingt ihn zu bleiben, auch wenn dies Probleme mit sich bringt. An dieser Stelle sagt Charles Foster Kane auch, dass nur er für sich entscheidet und niemand ihm eine Entscheidung abnehmen kann.

## 1.2. Kurzbiografie von Orson Welles

Orson Welles wurde am 6.Mai 1915 in Kenosha/Wisconsin geboren. 1931 begann er seine Karriere im fernen Dublin, wo er am Theater erst spielen und mit 16 Jahren schließlich auch inszenieren durfte. Mit 19 Jahren hatte er sein Bühnendebüt in Amerika. 1937 scharrte Welles seine eigene Theatertruppe um sich. In den späteren dreißiger Jahren war Welles mit seiner Truppe „The Mercury Theater" kommerziell zwar nicht erfolgreich, sorgte aber immer wieder für Aufsehen. Ein unvorhergesehener Skandalerfolg – das Marsmenschenhörspiel „War of the worlds" brachte Welles 1939 einen Hollywoodproduktionsvertrag über drei Filme ein. Diesen

Produktionsvertrag unterzeichnete Orson Welles zusammen mit seinem Partner des Mercury Theaters Houseman am 21.07.1939. RKO sicherte in diesem Vertrag dem noch unerfahrenem Orson Welles totale filmische Freiheit und das Recht des Final Cut zu, was damals wie heute außergewöhnlich anmutet.

Nach *Citizen Kane* drehte Orson Welles noch *The magnificent Ambersons (Der Glanz des Hauses Amberson)*, 1942, und *The lady from shanghai (Die Lady von Shanghai)*, 1946, als große Studioproduktionen. Seine weiteren Filme litten, obgleich ihres großen Einfallreichtums, immer an den unzulänglichen Produktionsbedingungen. Zudem verfilmte er z.B. noch die beiden Shakespeare Dramen *Macbeth* (1947/48) und *Othello* (1949-52), aber auch andere Themen wie *Touch of evil* (1957/58) oder *Der Prozess* (1962/63). Orson Welles starb am 10. Oktober 1985. Seitdem kümmert sich seine Tochter Beatrice Welles um die Rekonstruktion der Filme.

Unter allen amerikanischen Regisseuren ist Orson Welles der, dem man am schnellsten, und ganz ohne Zögern, das altmodisch europäische Etikett Genie anheftet. Kein anderer hat so massig, so mächtig als Autor, Regisseur und Protagonist sein Werk auch zum Monument seiner selbst gemacht.

## 1.3. Filmhistorische Einordnung

Der alte Studiostil, zur Zeit der Dreharbeiten von *Citizen Kane*, war der „Soft Studio Style". Der Soft Studio Style hatte mehrere Faktoren die seinem Namen zugrunde lagen. Seine Ursache aber lag in der Einführung des Tonfilms und somit in den Veränderungen die der Tonfilm mit sich brachte. Die Lampen, die in der Stummfilmzeit verwand wurden, waren zu laut für die Tonfilme, was zur Folge hatte, dass im Tonfilm nur wenig Licht eingesetzt werden konnte. Dieses wenige Licht wurde flächig eingesetzt; die Filme bekamen dadurch einen „soften Touch". Zudem produzierten die damaligen Kameras ein so lautes Laufgeräusch, dass um dieses Laufgeräusch zu unterdrücken, die Kameras schallisoliert (geblimpt) werden mussten. Durch die Schallisolierung aber wurden die Kameras unbeweglich, da diese damals noch große Kästen waren. Bevor also Citizen Kane gedreht werden konnte, mussten einige Verbesserungen oder Erfindungen gemacht werden.

Die wichtigste Verbesserung vor *Citizen Kane* ist wahrscheinlich das verbesserte Licht mit höherer Lichtausbeute und weniger Lautstärke. Nur dadurch konnte eine hohe Tiefenschärfe (viel eingesetztes Licht!) erzielt werden. Als Nebeneffekt des Lichteinsatzes traten die scharfen, manchmal gar expressionistisch anmutenden Kontraste zu Tage. Das alleine hätte sicherlich noch nicht ausgereicht. Zudem entwickelte Kodak 1938 einen schnelleren Film, der eine bessere Ausbeute bei weniger Licht versprach. Zu guter Letzt wurden auch die Kameras beständig weiter entwickelt. Die neuesten Modelle waren wieder so beweglich, wie die Kameras zur Stummfilmzeit und so geräuscharm, wie nie zuvor. Da Gregg Toland als Kameramann schon vor dem Film eine Größe war, hatte dieser auch schon Erfahrungen mit den neuen Kameras sammeln können. Somit waren die Vorraussetzungen für den Film *Citizen Kane* gegeben: bessere Aufnahmetechnik für eine größere Tiefenschärfe, sowie eine freiere (bewegtere) Kamera.

Doch es galt nicht nur technische Hindernisse zu überwinden. Auch Orson Welles Unerfahrenheit, er kam schließlich vom Theater und vom Hörfunk, musste beachtet werden. Wobei diese vielzitierte Unerfahrenheit relativ ist. Immerhin sind der Hörfunk, mit ihm das Hörspiel, und das Theater dem Film verwandte Künste. Ohnehin sagt man den langen Einstellungen mit großer Tiefenschärfe eine große Theatralität nach – ein Heimspiel für Orson Welles.

Bevor Welles begann *Citizen Kane* zu filmen, sogar noch bevor er daran dachte, beschäftigte er sich eingehend mit dem Projekt „Heart of darkness". Dieses kam jedoch nie über die Vorbereitungsphase hinaus. Und das obwohl für diesen Versuch ausführliche Probeaufnahmen gemacht wurden. Neben diesen Probe-Filmerfahrungen filmte Welles noch zwei Kurzfilme, die er in die Stücke seiner Theatertruppe „The mercury Theater" einbauen wollte. Einer der beiden Kurzfilme fand dann auch tatsächlich seinen Einsatz in einem Theaterstück. Somit lässt sich über Welles Filmerfahrung zusammenfassend sagen, dass so gering sie auch sein mochte, sie dennoch vorhanden war.

Trotz seiner relativen Unerfahrenheit stand Orson Welles unter enormen Erfolgsdruck, bevor er überhaupt mit den Dreharbeiten begann. Wochenlang schloss er sich mit den Technikern in den RKO-Studios ein und betrachtete mit ihnen Filme von Fritz Lang, René Clair, Frank Capra, King Vidor und – die hauptsächlich – von John Ford. Viele Eigentümlichkeiten und Kunstgriffe dieser Vorbilder lassen sich an seinem Film später ablesen: die schiefen

Perspektiven des deutschen Expressionismus und das schicksalhafte Verhängnis bei Lang, die Behandlung des Lichts bei Clair, die forsche Brillanz bei Capra und der Sinn fürs amerikanische Millieu bei King Vidor; John Ford, dessen Hauptthema, nämlich die Sehnsucht nach Geborgenheit, die Hoffnung auf Heimat, sich unmissverständlich in dem Wort „Rosebud" konzentriert, nannte Welles wiederholt seinen Lehrer. Und auch Gregg Toland kann in diesem Zusammenhang wieder gefunden werden, filmte er doch im gleichen Jahr für Ford „The grapes of wrath" und „the long voyage home".

Das Drehbuch erarbeitete Orson Welles gemeinsam mit dem damals bekannten Drehbuchautoren Hermann J. Mankiewicz, dabei ist nicht mehr eindeutig zu klären, wer welchen Anteil am Drehbuch trägt. Als Vorbild für das Drehbuch ist jedoch ganz klar der Verleger Hearst zu erkennen. Viele Details des Films stimmen mit der Biografie Hearsts überein. Die zweite Fassung des Drehbuchs trug noch den Titel „American". Die siebente Drehbuchfassung, die gleichzeitig die dritte finale Fassung war, wurde am 16.07.1940 fertig gestellt und genehmigt. Diese Genehmigung ging nicht von William Randolph Hearst aus, was eine Anekdote Welles eindeutig belegt.

> „Die waren wirklich hinter mir her. Noch vor dem Kinostart von Kane hielt ich einen Vortrag, ich glaube es war in Pittsburgh und als ich nach dem Vortrag mit Freunden beim Essen saß, kam ein Kriminalbeamter an meinen Tisch und sagte: „Gehen sie nicht in ihr Hotel. Ich bin vom Polizeihauptquartier. (...) Ich gebe ihnen nur einen guten Rat." Ich sagte: „Wovon reden sie überhaupt?" Er antwortete: „Man hat ein vierzehnjähriges Mädchen in ihrem Schrank versteckt, und zwei Fotografen warten darauf, dass sie ins Zimmer kommen." Ganz sicher wäre ich im Gefängnis gelandet und kein Weg hätte jemals da herausgeführt."
>
> Orson Welles zu Peter Bogdanovich

Der Film Citizen Kane wurde letztlich von dem damals gerade 25 Jahre alten Orson Welles inszeniert. Und obwohl der Film zu den besten Filmen gezählt wird, die je gedreht wurden, fiel er an den Kassen durch. In den Listen mit den Einspielergebnissen befindet sich *Citizen Kane* nicht mal unter den oberen 10.000. Der Film wurde am 01.05.1941 im RKO Palace in New York Uraufgeführt. Zwar erhielt Welles Werk neun Oskar Nominierungen, wurde letztlich jedoch nur mit einem Oskar geehrt und zwar dem für das beste Drehbuch, den Orson Welles sich dann mit Mankiewicz teilen musste.

## 2. Inhalt

*"Da gibt es also einen Mann, der es zum Präsidenten hätte bringen können, der geliebt und gehasst wurde, über den so viel geredet wurde wie über niemand anderen in unserer Zeit...aber wenn es ans Sterben geht, erinnert er sich plötzlich an etwas und nennt es Rosenknospe. Was kann das bedeuten?"*

*Herausgeber Ralston zu Thompson*

Als der Zeitungsmagnat Charles Foster Kane stirbt, spricht er ein geheimnisvolles letztes Wort aus: Rosebud. Der Reporter Thompson bekommt den Auftrag, dieses letzte Wort des Verstorbenen zu ergründen, da der Wochenschau-Beitrag zu diesem Todesfall noch nicht die richtige Würze inne hat.

Thompson bricht daraufhin auf, um Menschen zu befragen, die dem lebenden Charles Kane nahe standen. Er beginnt bei der zweiten Ehefrau des Toten. Jedoch hat er bei ihr wenig Erfolg, da sie so betrunken ist, dass sie nichts vernünftiges sagen kann. Ohne Informationen gewonnen zu haben, aber mit dem Versprechen wieder zu kommen, begibt sich er Reporter in das Thatcher Archiv.

So beginnt Thompson seine Recherche mit dem Tagebuch des Verstorbenen Thatcher. Dieser war der Vormund des jungen Kane, nachdem dessen Mutter ihn in Thatchers Obhut übergeben hatte. Aus dem Tagebuch erfährt der Reporter einiges über die Kindheit und Jugendzeit Kanes, sowie etwas über Kanes Anfänge mit dem Inquirer, nichts aber über Rosebud.

Nach dem Thatchers Archiv besucht Thompson Leonhard Bernstein, den vielleicht engsten Angestellten Kanes. Dieser berichtet von der Karriere als Zeitungsmann und später auch von der Karriere als Politiker. Bernstein berichtet von den Erfolgen, die Charles Foster Kane dabei erringt. Während des Gesprächs verweist er noch auf Jebediah Leeland, Kanes Jugendfreund, als einem geeigneten Gesprächspartner.

Den alternden Jugendfreund Jebediah Leeland besucht Thompson in dem Altenheim, in dem Leeland untergebracht ist.. Dieser erzählt vom Zerfall der ersten Ehe Kanes, wie überhaupt von den Misserfolgen, die Kane in der folgenden Zeit wiederfahren sind. So verlor Kane die Wahl zum Gouverneur, wie er auch gleichzeitig seine erste Frau verlor, bzw. sie ihn verließ.

Es folgt die Erzählung, wie Kane Susan Alexander trifft und daran scheitert, sie zu einem Opernstar zu machen

Nachdem der Reporter Leeland verlassen hat, macht er sich nochmals auf, Susan Alexander, Kanes zweite Frau, in ihrem Nachtlokal zu besuchen. Sie erzählt von ihrer Ehe und wie Kane sie so sehr in eine Opernkarriere drängte, dass sie einen Selbstmordversuch beging. Ihre Geschichte endet damit, wie sie Kane verlässt, weil das Leben mit ihm für sie nicht mehr erträglich war. Auch von Susan scheidet Thompson, ohne dem Wort Rosebud näher gekommen zu sein.

Als letzten spricht er noch den Butler Kanes, welcher Kane im hohen Alter kannte. Dieser aber erklärt, Kane nur als komischen alten Mann gekannt zu haben. Zwar kann er sich erinnern, dass Kane das Wort Rosebud schon mal sagte als Susan Alexander ihn verließ, seitdem aber habe er das Wort bis zu Kanes Tode nicht wieder gehört.

Schlussendlich findet Reporter Thompson nicht heraus, was Rosebud bedeutet haben könnte. Gemeinsam mit den anderen Reportern verlässt er Kanes Riesenvilla Xanadu. Eine letzte Kamerafahrt auf einen offenen Kamin, zeigt einen brennenden Schlitten auf dem das Wort Rosebud zu lesen ist.

*„Nein, ich glaube kaum. Nein, Mr. Kane war ja ein Mensch, der alles haben konnte, was er wollte und es dann verlor. Vielleicht war Rosebud irgend etwas, was er gerne haben wollte, oder was er einmal verloren hatte. Jedenfalls würde nicht alles übrige erklären. Ich glaube, man kann das Leben dieses Mannes überhaupt nicht mit Worten erklären. Keinesfalls. Ich glaube, Rosebud ist nur eines der Mosaiksteinchen, die uns für das Bild noch gefehlt haben. "*
*Der Reporter Thompson*

## 3. Innovationen

### 3.1. Tiefenschärfe

Citizen Kane war für das amerikanische Kino der 40er Jahre revolutionierend. Zwar benutzte schon Renoir lange Einstellungen (Plansequenzen) in seinen Filmen. Jedoch war das Charakteristikum bei Renoir die räumliche Kontinuität, während Welles diese durch eine

Fragmentierung des Raums innerhalb des Bildkaders ersetzt. Welles ersetzte die vorherrschende Montagetechnik durch eine Art Montage innerhalb des Bildes. Dazu nutzte er die Tiefenschärfe, eine Technik, die es erlaubt, Hinter-, Mittel, und Vordergrund gleichermaßen scharf abzubilden. So ist es möglich, ganze Szenen in einer Einstellung ablaufen zu lassen.

Die Arbeit mit der Tiefenschärfe lässt dem Betrachter mehr Freiraum bei der Betrachtung des Bildes, im Gegensatz zur Montage, die den Blick lenkt. Dadurch wird das Werk bedeutungsoffener. Auf die Spitze getrieben kann man sagen, die Montage ist zu rhetorisch und die Tiefenschärfe zu theatral. Auf die Frage, warum Welles denn die Technik der Tiefenschärfe beständig in dem Film Citizen Kane verwende, antwortete er: „Gut, im Leben sieht man alles gleichzeitig scharf, warum nicht auch im Film?" Der Filmtheoretiker André Bazin hat vermutet, dass sich dieser Film nur über die Tiefenschärfe verstehen lässt.

## 3.2. Lightning Mix

Welles Meisterwerk zeigt sich im besonderen in seiner bewundernswerten, bisher oft kopierten, doch nur selten erreichten Verknüpfungstechnik, mit der es ihm in Citizen Kane gelang, Zeitabläufe sichtbar zu machen. Zum Beispiel benutzt er in der Szene, wenn Thatcher zu dem Jungen Kane spricht, die Sprache um einen Zeitsprung von mehreren Jahren zu machen. „Fröhliche Weihnachten" sagt Thatcher zu dem jungen Kane. Gegenschuss auf den jungen Kane, welcher erwidert und erneuter  Schnitt auf Thatcher, der „und ein glückliches neues Jahr" sagt. Währenddessen wird ein Sprung von vielen Jahre vollzogen, was sich im anschließenden Schwenk zeigt. Die Technik des lightning Mix ist also vielmehr eine Technik der Tonüberlappung, wie sie Welles vom Hörfunk her kannte. Diese Technik der Tonüberlappung verwendet Welles an verschiedenen Stellen.

Der lightning Mix kann sowohl in einer visuellen Blende als auch in einem visuellen Schnitt verwendet werden und unterscheidet sich von der normalen Überblendung oder dem gewöhnlichen Schnitt durch die Zeitsprünge, die durch die Tonüberlappung erreicht werden. Er verbindet dabei und das ist auch das Spezielle des lightning mix, zwei Bilder, die ohne den Ton nicht zusammenpassen würden. Der lightning mix stellt sozusagen den Zusammenhang über den Ton zwischen zwei Einstellungen her.

### 3.3. Verschiedene Erzählperspektiven und Flashbacks

Die Konventionen des klassischen Hollywood-Kinos stellen Flashbacks immer als wahr dar, es sei denn, sie werden explizit als unwahr eingeführt. Bei Welles dagegen war jeder Erzähler eines Flashbacks auch gleichzeitig ein Interpret der Ereignisse. Dies wird besonders deutlich an den zusammenfassenden Sätzen, die Thompson, Bernstein, Leeland, Susan oder Raymond von sich geben. Entgegen den Hollywoodkonventionen wurde der Film aus verschiedenen Perspektiven gezeigt, womit Welles schon bei *Heart of darkness* liebäugelte, es aber erst bei *Citizen Kane* umsetzen konnte.

## 4. Beschreibungselemente für eine Filmanalyse

Elemente der filmischen Gestaltung
- Ort
  - o Diegetisch (Diegese – Zeigen von Raum und Zeit)
  - o Extra Diegetisch
- Zeit
  - o Chronologisch
  - o Verschachtelt
  - o Erzählzeit – Die Zeitspanne, die der Zuschauer vor dem Film verbringt
  - o Erzählte Zeit – Die Zeit, die währenddessen innerhalb des Films verstreicht
- Plot / Story – Der Plot eines Films, lässt den Zuschauer Thesen bilden, wie die Story des Films aussehen könnte.
- Sujet / Motiv – Das Sujet ist immer sichtbar (z.B. Westernsalon); das Motiv ist der Handlungsgrund des Protagonisten, es kann sichtbar, aber auch unsichtbar sein.
- Einstellungsgrößen
- Kamerabewegungen
- Kamera-, Blickperspektive
- Einstellungsverbindungen

- o Schnitt – Im Gegensatz zur Montage unauffällig (Hollywood-Stil)
- o Montage – Veränderung der formbaren Zeit
- o Schuss-Gegenschuss Verfahren
- o Plansequenz – Wird auch der Mise en scène zugeordnet
- Mise en scène (In Szene setzen) – Veränderung des formbaren Raums
  - o Bildkader
    - ▪ Geschlossene Form - Aktion innerhalb des Bildkaders
    - ▪ Offene Form - Aktion außerhalb des Bildkaders
  - o Schärfe
    - ▪ Tiefenschärfe
    - ▪ „flache" Schärfe
    - ▪ harte Schärfe
    - ▪ weiche Schärfe
    - ▪ Schärfenwechsel
    - ▪ Schärfenverlagerung

## 5. **Interpretation**

### 5.1. **Formalzentriert**

Der Reporter Thompson fungiert in dem Film *Citizen Kane* als der Stellvertreter des Publikums. Man sieht ihn zumeist von hinten im Anschnitt. Diese „subjektive" Perspektive bringt die Figur dem Zuschauer nicht nahe, sondern reduziert sie zur Silhouette, die dem Zuschauer wie ein anderer Zuschauer vor der Nase sitzt. Dabei ist es der Reporter Thompson, der den Plot des Films vorantreibt, also eine zentrale Rolle einnimmt.

Die Anordnung, Dauer, und Wiederholungsrate der Story-Elemente unterscheidet sich klar von denen des Plots in Citizen Kane. Das erste Storyelement, das wir zu sehen bekommen, ist die Übergabe der Mine an Mrs. Kane, wohingegen der Plot mit dem Tod Kanes beginnt. Die Zeit, die der Plot erzählt, also die Erzählzeit, dauert etwa zwei Stunden. Die Zeit, die die Story beansprucht sind 75 Jahre und die Woche, die der Reporter Thompson recherchiert. Auf der anderen Seite zeigt der Film auch Beispiele von Ereignissen, die im Plot redundant sind (z.B.

Die Opernpremiere). Die verschiedenen Darstellungen die im Plot redundant sind, haben ihren Ursprung in den verschiedenen Erzählperspektiven und Flashbacks.

Um den Plot voranzutreiben, bedient sich Orson Welles eines kriminalistischen Grundmotivs: Die Jagd nach dem Täter, hier in abgewandelter Form der Ermittlungen zur Person, d.h. der Reporter Thompson jagt nicht nach dem Täter, sondern nach dem Charakter einer Person. Die Art der Detektivgeschichte, welche in der gegenwärtigen Zeit vorangetrieben wird, erscheint als die horizontale Struktur des Films. Während die Rückblenden diese Vorwärtsbewegung brechen und der Struktur des Films eine vertikale Seite verleihen.

Dieses dem Rezipienten bekannte Genre der Detektivgeschichte macht es möglich, den Film mit bestimmten Erwartungen zu sehen. Dadurch, dass der Reporter, der gleichzeitig der Detektiv ist, nur eine Silhouette bleibt, nimmt die horizontale Struktur des Films eine der vertikalen Struktur untergeordnete Rolle ein. Dies wiederum ist wichtig für den Rezipienten, der neben der Erwartungshaltung, nun das klare Angebot bekommt, Charles Kane und nicht etwa den Reporter Thompson oder etwa die Detektivgeschichte in den Mittelpunkt des Films zu stellen. Letztlich dienen diese Angebote dazu, dem Zuschauer diesen relativ schwierigen Film leichter bekömmlich zu machen.

Für das Genre der Detektivgeschichte sprechen auch die inhaltlichen Informationen, die auf der Suche nach der Lösung, Tröpfchenweise vergeben werden. Niemals wird alles auf einmal gesagt oder gezeigt, immer bleiben Fragen offen. Gleichzeitig wird dem Zuschauer gezeigt, dass alle Rückblenden subjektiv von den einzelnen Erzählern geprägt sind. Festzuhalten gilt, dass es bei der Informationsgewinnung aus der Story des Films diese zwei Anhaltspunkte gibt: den der zögerlichen Vergabe der Informationen und den, dass diese Informationen zudem subjektiv geprägt sind. Der einzige Informationsblock, der neutral zu sein scheint, ist die Wochenschau zu Beginn des Films. Diese jedoch bringt erst die Frage auf, die zu der Detektivgeschichte inspiriert und außerdem ist sie öffentlich und kann wenig über Kanes Privatleben erzählen.

Nach dem Wochenschau-Portrait von „News on the march", das gewissermaßen Kane als den Mann der Öffentlichkeit mit längst veröffentlichten Fakten nachzeichnet, wird Kanes Bild mit den Farben der persönlichen Erfahrung und des intimen Umgangs von fünf verschiedenen Personen ausgemalt. Diese Erzählungen sind nicht nur einem bestimmten Lebensabschnitt

Kanes zugeordnet, sondern jeweils auch einem ethisch-sozialem Aspekt. Danach beschreiben Thatchers Memoiren nicht nur Kanes Kindheit, also in erster Linie das Wegholen aus dem Elternhaus, sondern vor allem seine Aufsässigkeiten und Verrücktheiten gegen die herrschende Ordnung – unter dem Blickwinkel dieser Ordnung. Bernstein, Kanes ergebener Angestellter, zeigt die ersten Erfolge von Kanes Karriere sowohl als Zeitungsmann wie als Politiker aus einer selbstlosen, kindlich-bewundernden Sicht. Bei ihm kommt Kane am besten weg; fast bedingungslose Loyalität ist die Grundhaltung seiner Beschreibung. Jebediah Leland, obwohl Kanes bester, wenn nicht einziger Freund, ist gleichzeitig Kanes alter ego. Immer zum Widerspruch bereit, stets anderer Meinung, wirkt dieser romantische Idealist, wie ein steifes Hemd, was er selber in den Film zu Ausdruck bringt. Susans Erzählung zeigt ausschließlich Momente des Scheiterns: dass Kane sie nicht als Sängerin durchsetzen kann, obwohl er ihr sogar ein Opernhaus baut; dass er nach ihrem Selbstmordversuch gegen seinen Willen in die Beendigung ihrer Karriere einwilligen muss; dass das Leben in der einsamen Pracht von Xanadu erstarrt und schließlich die Ehe zerbricht. Raymond schließlich beschreibt den Zerfall von Xanadu anhand der Zerstörung von Susans Zimmer durch Kane selber. Er ist gewissermaßen das Gegenstück zur Wochenschau, das begriffsstutzige Ende zum unbefriedigenden Anfang. Wie die Reporter die bloßen Fakten sammelten, so verwaltet er die toten Dinge, die mit Kane ihren Sinn verlieren, ohne ihn preisgegeben zu haben.

Diese Form der Erzählweise, die in *Citizen Kane* genutzt wird, unterstützt das Rosebud-Problem, welches später behandelt wird, indem sie dem Zuschauer bewusst macht, wie unsicher die gewonnenen Erkenntnisse sind. Wenn die Erzählweise Unsicherheiten, wie der Film aufgefasst werden soll, impliziert, so sind das Bühnenbild und die Musik ein Schritt, der darüber noch hinausgeht.

> " In visual terms, Xanadu is a compositional contradiction. On the one hand, there is a strongly unified sense overall – it is literally an image of a monument and literally a monumental image. On the other hand, the individual elements not only fail to cohere, but they are radically incompatible. In short, Xanadu is what the film says its protagonist is – distant, remote, inaccessible, a romantic image of a unified whole, but at the same time possibly no more than an empty parade of stylistic flourishes and gestures."
>
> Carringer

Xanadu geht also klar über die Erzählweise hinaus. Wenn die Erzählweise durch subjektive Sichtweisen Unsicherheiten erzeugt, so gibt uns Xanadu (mit ihm das Bühnenbild) gleich zwei konträre Möglichkeiten den Film zu sehen. Einmal als dieses *„strongly unified sense* *overall"*, aber auch als *„radycally incompatible"*. Auch die Musik hat diesen dualistischen Ansatz der Deutung von *Citizen Kane.*

> „That is precisely, what Herrmann did in the music. He used the first four notes of the song, which accompagny the words *There is a man*, as the basis for one of the film´s two main leitmotivs. He called this motiv "Power". It is first heard in the first two bars of the score in muted brass. The second is the "Rosebud" theme, intermingled first with the "Power" theme, then heard distinctly and seperately as a as a vibraphone solo when we see the glass globe. Musically, the two motifs are complementary. Like the painting of Xanadu, they embody the contradiction of Kane – the clash between the romantic ideal of childhood innocence and the corrupting influence of aduldhood. They are repeatet, whole or part, in a multitude of variations throughout the score. The variations follow the storyline. Melodically and orchestrally purer in the early parts of Kane´s life, they become increasingly dark and dissonant as the film progresses. When the burning sled is revealed, they are played as a single continuous melody by a full orchestra"
>
> Carringer

Nachdem die formalen Mittel des Films - dem Zuschauer wird durch den Film geholfen (Detektivgeschichte), gleichzeitig wird er auf Bedeutungsoffenheit (Erzählweise) vorbereitet und als letztes wird ihm eine Dualität der Sichtweisen (Musik, Bühnenbild) nahe gebracht - aufgezeigt wurden, ist es an der Zeit, sich dem Inhaltlichen Aspekt zu widmen.

## 5.2. Inhaltszentriert oder das Rosebud-Problem

Citizen Kane ist der Konflikt zweier sich ausschließender Perspektiv-Möglichkeiten. Die erste Perspektive besagt, „that a man is what he does, or has done to him, that a life is simply the sum or total of it´s component parts". Die zweite Perspektive richtet sich darauf, dass persönliche Identität ein unergründliches Mysterium ist.

Diese beiden Perspektivangebote werden im Film in verschiedenen Variationen immer wieder gemacht. Ich könnte sicherlich vielerlei Stellen anführen, wo mal für die eine Perspektive, mal für die andere Perspektive, ein Argument ins Feld geführt wird. In dem folgenden Zitat, fasst Bordwell das Rosebud-Problem sehr treffend zusammen.

> „Love is the key to *Kane* and Kane. Sent from home as a child, raised by the cold Thatcher, Kane lost forever the love symbolized by the Rosebud sled and the snowstorm paperweight containing that little cottage that resembles his mother´s boarding house. The sled istn´t really the cheap Freud some (including Welles) have

claimed; although it stands for the affection Kane lost, when he was wrenched into Thatcher´s world, the sled is clearly not to be taken as the "solution" of the film. It is only one piece of the jigsaw puzzle, "something he couldn´t get or something he lost." The rosebud sled solves the problem that Thompson was set – "A dying man´s last words should explain his life" – but by the end Thompson realizes that the problem was a false one: "I don´t think that any word can explain a man´s life." The appearance of the sled presents another perspective on Kane, but it doesn´t explain him. His inner self remains inviolate (NO TRESPASSIGN) and enigmatic. The last shots of the sign and of Xanadu restore a grandeur to Kanes life, a dignity born of the essential impenetrability of human Charakter"

David Bordwell

Mit diesen Worten Bordwells führen wieder zurück an den Beginn dieser Ausarbeitung, nämlich zu der Fabel von dem Frosch und dem Skorpion, welcher auch einen undurchdringlichen Charakter hatte.


# 6. __Schlussbemerkung__


Alle Gegensätze in Citizen Kane sind natürlich beides, die narrativen Strukturen und die stilistischen Strukturen sind nicht einfach formale Teile in dem Film, sondern sie beschreiben gleichzeitig Kanes Charakter. Der Inhalt ist ganz eng mit der Form verknüpft. Immer wieder ergänzt die Form den Inhalt. Die Form kontrastiert den Inhalt nicht, noch läuft sie ihm zu wieder. Der Film bildet somit eine sehr gelungene Synthese aus Form und Inhalt, wobei der Inhalt durch die Wahl einer damals innovativen, ungewohnten und sehr passenden Form gewinnt.

Ich denke, das Rosebud-Problem ist weder Filmimanent, noch produktionsgeschichtlich oder auf irgend eine Weise eindeutig zu interpretieren. Das ist auch nicht notwendig, es ist eher hinderlich. Der Film ist so angelegt, das er immer bedeutungsoffen bleiben wird. Viel eher sollte man das Rosebud-Problem als Grundlage sehen, um über dieses Thema ohne den Film zu reden. Der Film spielt sozusagen den Ball zu, den der Zuschauer im Gespräch verarbeiten muss.

Der Film *Citzen Kane* hat seinen Platz in der Filmgeschichtsschreibung ganz zurecht. Nicht nur, weil es der Geniestreich eines 25 jährigen Regisseurs ist, sondern weil er zum einen für seine Zeit sehr große filmästhetische Fortschritte macht und zum anderen weil er die

Menschen, die den Film sehen, anregt, über das Rosebud-Problem nachzudenken (Berechtigt oder nicht).

*„Hitchcock und ich haben einmal folgende Theorie entwickelt: um einen durchschlagenden Erfolg in den Filmkunsttheatern der angelsächsischen Welt zu haben, wollten wir einen Film ohne jede Geschichte, in keiner existierenden Sprache und in ganz schlechten Bildern, aber mit reichlich vielen Untertiteln drehen. Wir waren uns einige, dass die Leute vor Entzücken rasen würden. "*

Orson Welles

Quellen:

Film:

Welles, Orson (Reg.): Citizen Kane, RKO Produktion, 1941

Literatur:

- Hahn, Ronald M. / Jansen, Volker: Kultfilme. Von „Metropolis" bis „Rocky Horror Picture Show" München: Wilhelm Heine Verlag 1985, S. 74-84
- Murray, Edward: Ten film classics. A Re-Viewing USA: Ungar Film Library 1978, S. 18-32
- Jansen, Peter W. / Schütte, Wolfram: Orson Welles München: Carl Hanser Verlag 1977
- Morris Beja, Perspectives on Orson Welles New York: G.K. Hall & Co. 1995
- Robert l. Carringer; The making of citizen Kane Los Angeles: University of california press 1985